古代刑罚与刑具

◎ 主编 金开诚

◎ 编著 刘洋

吉林出版集团有限责任公司

吉林文史出版社

图书在版编目（CIP）数据

古代刑罚与刑具 / 刘洋编著 .—长春：吉林出版
集团有限责任公司，2011.4（2022.1 重印）
ISBN 978-7-5463-4975-6

Ⅰ.①古… Ⅱ.①刘… Ⅲ.①刑罚－法制史－中国－
古代 Ⅳ.① D924.02

中国版本图书馆 CIP 数据核字（2011）第 053435 号

古代刑罚与刑具

GUDAI XINGFA YU XINGJU

主编/ 金开诚 编著/刘 洋

项目负责/崔博华 责任编辑/崔博华 邱 荷

责任校对/邱 荷 装帧设计/柳甬泽 张红霞

出版发行/吉林文史出版社 吉林出版集团有限责任公司

地址/长春市人民大街4646号 邮编/130021

电话/0431-86037503 传真/0431-86037589

印刷/三河市金兆印刷装订有限公司

版次/2011 年 4 月第 1 版 2022 年 1 月第 7 次印刷

开本/640mm×920mm 1/16

印张/9 字数/30千

书号/ISBN 978-7-5463-4975-6

定价/34.80元

编委会

主　任: 胡宪武

副主任: 马　竞　周殿富　董维仁

编　委（按姓氏笔画排列）:

于春海　王汝梅　吕庆业　刘　野　孙鹤娟

李立厚　邴　正　张文东　张晶昱　陈少志

范中华　郑　毅　徐　潜　曹　恒　曹保明

崔　为　崔博华　程舒伟

前　言

　　文化是一种社会现象，是人类物质文明和精神文明有机融合的产物；同时又是一种历史现象，是社会的历史沉积。当今世界，随着经济全球化进程的加快，人们也越来越重视本民族的文化。我们只有加强对本民族文化的继承和创新，才能更好地弘扬民族精神，增强民族凝聚力。历史经验告诉我们，任何一个民族要想屹立于世界民族之林，必须具有自尊、自信、自强的民族意识。文化是维系一个民族生存和发展的强大动力。一个民族的存在依赖文化，文化的解体就是一个民族的消亡。

　　随着我国综合国力的日益强大，广大民众对重塑民族自尊心和自豪感的愿望日益迫切。作为民族大家庭中的一员，将源远流长、博大精深的中国文化继承并传播给广大群众，特别是青年一代，是我们出版人义不容辞的责任。

　　本套丛书是由吉林文史出版社和吉林出版集团有限责任公司组织国内知名专家学者编写的一套旨在传播中华五千年优秀传统文化，提高全民文化修养的大型知识读本。该书在深入挖掘和整理中华优秀传统文化成果的同时，结合社会发展，注入了时代精神。书中优美生动的文字、简明通俗的语言、图文并茂的形式，把中国文化中的物态文化、制度文化、行为文化、精神文化等知识要点全面展示给读者。点点滴滴的文化知识仿佛颗颗繁星，组成了灿烂辉煌的中国文化的天穹。

　　希望本书能为弘扬中华五千年优秀传统文化、增强各民族团结、构建社会主义和谐社会尽一份绵薄之力，也坚信我们的中华民族一定能够早日实现伟大复兴！

目录

一、中国古代刑罚的发展变化及其原因　　001

二、奴隶制五刑　　029

三、封建制五刑　　059

四、古代的种种死刑　　085

五、古代常用的刑具　　113

一、中国古代刑罚的
发展变化及其原因

（一）中国古代刑罚的发展与变化

原始社会，在舜禹统治时期，确认了不少有关处罚的规定，但那时并不成法，而只是以"习惯"的方式出现。例如，舜时已有了"将贪赃（墨）行为与劫掠（昏）杀人行为并列，一并处罚"的处罚习惯，体现了当时的社会已经注重对行政人员的整治和管理，严厉制裁渎职、贪污行为。而《汉书·刑法志》中说：“（禹）自以德衰而制肉刑。”即禹根据当时人们道德日益衰败的状况制定了肉刑，据《尚书·吕刑》的记载，当时的肉刑为“劓（yì）、刵（èr）、椓（zhuó）、黥（qíng）”四种。

中国第一个奴隶制国家——夏朝正式建立后，奴隶社会便逐步确立了“黥、劓、刖（yuè）、宫、大辟”五刑制度，其中前四种仍为肉刑，大辟则为死刑。如据《左传·昭公六年》记载，夏朝所规定的犯罪有三千条。据《尚书·大传》《周礼》等书记载：“大辟罪二百条，刖三百条，宫罪五百条，劓罪一千条，黥罪一千条。”

商代不仅进一步完善五刑，其中死刑除去斩刑外，还有醢（hǎi）、脯、焚、剖心、刳（kū）、剔等刑杀手段，可见商代刑法更为严酷。

西周则形成了以“圜土之制、嘉石之制”为名的徒刑、拘役等刑罚，并制定

赎刑、流刑等制度作为夏商五刑的补充，这一时期的奴隶制刑罚发展到了成熟阶段。

春秋战国时期的刑罚仍然以五刑为主，残酷性并没有改变，商鞅被处死时，即用车裂之刑。这一时期为奴隶制刑罚向封建制刑罚过渡的阶段。

秦始皇统一天下后，其刑罚也出现了新的变化，主要有笞、徒、流放、死、肉、羞辱、经济、株连几大类。其中前五类

相当于现代的主刑，后三类相当于现代的附加刑。然而，秦法的刑罚尚未形成完整的体系，因而有着明显的过渡特征。

汉代对刑罚进行了改革。汉文帝十三年，下诏废除肉刑，着手改革刑制。除废除肉刑外，还有秦朝的"连坐"罪，即株连也一并废除。至此，减轻刑罚的目的基本实现。

关于徒刑，汉初时沿用秦制；但是汉代已经有了明确的刑期。如髡钳城旦春，五岁刑；完城旦春，四岁刑；鬼薪

白粲，三岁刑；司寇和作如司寇，皆二
岁刑，男罚作和女复作，皆一岁到三月刑。
此外，汉代另有"顾山"，是只用于女犯
的刑罚，因此也称为"女徒顾山"。

不仅如此，两汉还沿用秦代及以前
的罚金、徙边等刑罚。另外有禁锢刑，
是汉为禁止官吏结党，对有朋党行为的
官吏及其亲属实行终身禁为官的政策。

三国两晋南北朝时期刑罚体系较前
朝有了很大的变化，刑罚的总的变化特
点是逐渐宽缓。"割裂肌肤，残害肢体"
的刑罚手段逐渐减少，已开始向新的封

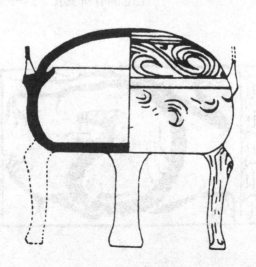

建制五刑过渡。主要体现在：1. 废除宫刑制度。北朝西魏在大统十三年（公元547年）下诏禁止宫刑："自今应宫刑者，直没官，勿刑。"北齐在天统五年（公元569年）也诏令废止宫刑："应宫刑者普免为官口。"2. 规定了鞭刑与杖刑。这一刑罚缘于北魏，并被北齐北周沿用。3. 规定流刑为减死之刑。南北朝时期，把流刑作为死刑的一种宽待措施。如北周时规定流刑为五等，每等以五百里为差，以距都城二千五百里为第一等，至四千五百里为限，同时附加鞭刑。4. 缘坐范围有所变化，这种变化主要体现在

对妇女缘坐的变化上，总的趋势是缩小范围，但司法实践中却多有扩大。在整个南北朝时期缘坐的范围也有反复。《梁律》创从坐妇女免处死刑的先例。

隋代的《开皇律》删除不少苛酷的刑罚内容。废除不少残酷的生命刑，把死刑法定为绞、斩两种。对流刑、鞭刑均作修改。隋文帝明确说明："绞以致毙、斩则殊形，除恶之体，于斯已极。"所有"枭首轘（huàn）身"与"残剥肤体"的鞭刑都废除不用，确立了封建制五刑。

唐刑罚比以前各代均减轻，死刑、流刑大为减少。死刑只有绞、斩两种；徒刑仅一年至三年；笞杖数目也大为减少。更重要的是，其适用刑罚以从轻为度。唐律被认为是我国古代社会"得古今之平"的刑罚中的典范。

宋创设了一些新的刑罚制度。1.刺配刑。宋太祖为宽恕死刑罪犯而立刺配之法，刺面、配流且杖脊，是对免死人

犯的一种代用刑。但后来则成了常用刑

种之一。2. 凌迟刑。宋时将五代的法外

刑——凌迟作为法定刑种，初时适用于

荆湖之地所谓以妖术杀人祭鬼的犯罪。

但后来适用范围越来越广泛。3. 折杖法。

宋太祖创立折杖法，作为重刑的代用刑。

但因存在不足，即"良民偶有抵冒，致伤

肢体，为终身之辱；愚顽之徒，虽一时创痛，而终无愧耻"。所以，在宋徽宗时又对徒以下罪的折杖刑数重作调整，以减少对轻刑犯的危害。

元法初为习惯法，成吉思汗时有斩决、流放、责打条子等刑罚，后逐渐向汉代的五刑体制过渡，并最终实行。但其死刑中无绞刑，凌迟为法定死刑。

元朝仍保留许多习惯法，包括不少肉刑。一般人犯盗窃罪，除断本罪外，"初犯刺左臂，再犯刺右臂，三犯刺项"。"强

盗初犯即须刺项"，只有蒙古人可不受此刑。为了维护僧侣的特权，元律规定"殴西番僧者截其手，骂之者断其舌"。

元朝有警迹人制度。强盗窃犯在服刑完毕后，便被送至原籍"充警迹人"。即在其家门前建立起红色墙壁，在墙壁上写上罪犯姓名、所犯罪状、所为事由，由邻居监督其行为举止，并且每半年和罪犯一同到官府接受督察。若其五年不再犯罪则将不再受监督，而若再犯则要被终身拘籍。

明清的刑罚有新的发展变化，其特

点是刑罚更加残酷化，并大量复活了肉刑。明清时的刑罚变化主要有：

1. 死刑。明、清两朝在法律上恢复了枭首示众之刑，并且范围逐步扩大。此外，明清时期的死刑执行方面还有一些更加残酷的方式，如"剥皮实草""灭十族""戮尸"等。清朝针对死刑还有一个独特的制度，即斩立决和监候制度。

2. 充军刑。"充军"创制于明代，但是不以充军为本罪。而清朝的充军则作为流罪的加重刑，并以充军为本罪，而

且充军的条目也较明代增加。

3. 发遣刑。这是一种比充军更重的刑罚。明代时只限军官和军人，若被判处此刑，则永不得回原籍。清时则扩大到包括犯徒罪以上的文武官员，但清时被判此刑者，还可以有机会放还原籍。

4. 枷号。是明朝首创的耻辱刑，后演变成一种致命的酷刑。清时对一些伦理性和风化犯罪，用此法。

此外，明代还有廷杖制度。指宫廷中对违抗皇命的大臣直接施以杖刑的法外刑罚。

　　总结来说，中国古代刑罚制度的发展过程，大致经历了这样几个阶段：一是夏商周刑罚制度起源阶段；二是战国至魏晋南北朝刑罚制度的发展阶段；三是隋唐时期刑罚制度全面确立较为完备阶段；四是宋元明清刑罚制度相对稳定并向近现代转化阶段。从中国刑罚制度发展来看，刑罚目的从报应刑向惩诫阻止刑转变，刑罚的形式从以肉体罚为主向以自由罚为主转变，刑罚适用由重刑为主向轻刑为主转变，这一演变是中国古

代社会历史发展、阶级斗争的产物，不仅是由统治阶级的属性决定，同时也与中国传统法制文化思想和刑罚价值观念密不可分。

（二）中国古代刑罚演变的原因

大体上，中国古代刑罚发展变化的原因有以下几个方面。

1. 社会经济的发展和人类文明的进步及当权者指导思想的不断变化导致了

刑罚的发展变化。法律制度是社会上层建筑的重要组成部分，任何法律制度的产生、发展及其形成，都是与当时的政治、经济、文化等社会经济条件紧密相连的。原始社会时期，没有国家、没有法律、生产力水平低下、人类认识自然的能力低下，当时的原始习惯也是由以采集和渔猎为标志的低下生产力水平决定的，惩罚方式简单残暴。后来由于生产力的发展，私有制成为主导，逐渐产生了相当多的习惯法。随着经济的进一步发展，随着人们对物质世界的进一步认识，刑罚的体系逐渐完善，目的性也更加专一，即保护私有制财产，保护人身权利，维护政治统治。自夏朝建立第一个奴隶制国家起，我国古代社会一直坚持以刑罚为中心的法律体系。

由于专制、集权贯穿我国几千年的古代发展史，中国古代的法律文化也有鲜明的中国特色，刑罚的随意性导致大量地充斥于刑法之中的完全是对人的生命的漠视。

从简单的同态复仇到夏、商时期的奴隶制刑罚，直至演变到封建社会的"五刑"，刑罚的变化，同当权者的统治思想有着密切的联系。中国古代社会一直是集权的家长制统治，王或皇帝是国家的主宰，所谓家天下，"普天之下，莫非王

土。率土之滨，莫非王臣"。所以，法律
也集中体现了维护王权统治的基本指导
思想。崇尚刑法，重视刑罚，使我国古
代不管民事、行政、刑事的制裁，无一
例外地采用刑罚的手段。法律不但凭借
严酷的刑罚手段惩办危及王权统治的政
治性犯罪，同时也严厉制裁破坏国家统
治、扰乱社会程序的刑事犯罪。统治者
从长期的实践中体会到，既要使犯罪者
受到惩罚，又能保存其劳动能力才是更
为有利的。所以刑制的改革，更加适应
了经济基础的需要，同时也能更好地维
护其统治。夏、商时期人们认识自然的

能力十分有限，同时又刚刚从原始野蛮时代演变而来，维护王权成为其首要的目的，同时人的愚昧无知又使统治者假借天意的图谋得以实现，虽然其刑罚十分野蛮残酷，但是统治者借天的名义，成功地表明其刑罚的合理性。同时，统治者鉴于前朝的教训，至周时提出"以德配天""明法慎罚"的思想，强调"用刑宽缓"，将教化和刑罚结合起来，出现了以"圜土之制"，"嘉石之制"为名的徒刑、拘役等刑罚，又增加了赎刑、流刑等作为五刑的补充，不再是单纯的伤及人肢体、生命的酷刑。秦以后到明清，中央集权的统治更加牢固地确立，虽然各朝代执政者的指导思想各有不同，但是经济的发展、社会的进步也逐渐促使统治者对刑罚作出了变革，以绞、斩死刑代替以往残酷的生命刑，以笞、杖、徒、流代替野蛮的肉刑，这实质是统治者逐渐适应社会经济的发展及社会文明程度提高的反映。

2. 古代社会高度集权的家长制统治、统治者权力的无限制和无制约性，导致当权者往往凭一己好恶行事，使刑罚形成了不稳定和不确定的特点。所以，我国古代刑罚发展变化的进程中人为的痕迹浓重；总趋势是朝着宽缓的方向发展，但是其中也多有反复。我国古代社会自从有国家以来，无论是不成文立法的时代，或者是成文法时代，法律对刑罚的种类都有明确的规定，但是经常有随意增加法外刑罚的情况。隋初，制定《开皇律》《大业律》，强调用法宽缓，然而隋炀帝并不依律行事，他"更立严法"，

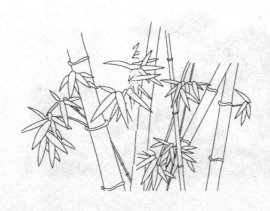

并恢复枭首、灭九族等酷刑，自毁法制，滥施淫刑。又如唐时法律为我国古代之最鼎盛时期，但是法外施刑的现象也层出不穷。武则天时，酷臣周兴、索元礼、来俊臣非法采用酷刑摧残人犯，将人犯"禁地牢中，或盛之如瓮，以火圜炙之，兼绝其粮饷，至有抽衣絮以啖之者"。明时，皇帝设厂卫特务机关，滥用刑罚更为严重。清律中根本没有关于文字狱的直接规定，但所有的文字狱均是按照谋反、大逆定罪，是最严重的犯罪，并且处以最严厉的刑罚。所以，古代专制制度下，皇帝的行为往往使法律沦为一纸空文。

　　另一方面，较为开明的当权者的举措，又会带来不同的后果。据史载，汉初文帝改刑罚的原因，是为缇萦的孝心所感动，遂下诏说："刑至断肢体，刻肌肤，终生不息。"是"不德"。由此引发了汉初刑罚的改革。

　　所以，在我国古代社会以仁者治国的指导思想下，法制的推进显然有其偶然性，但是反过来说，这样的发展变化也是社会进步的必然结果。

　　3.宋元明清法制由轻向重变化的原因。从秦汉至隋唐，刑罚制度的发展趋势一直是由繁杂残酷转向简明轻缓。其

间有汉文帝废肉刑的改革、三国两晋南北朝的刑制改革及隋文帝法定五刑，至唐时法制达到巅峰，其影响直至宋、元、明、清，但是宋、元、明、清虽以唐制，其刑罚较前朝又趋残酷、繁杂，并且复活了肉刑，死刑的执行方式也有增加。从历史上看，宋、元、明、清时期是我国小农经济继续发展并且最终没落，而商品经济逐渐萌芽之时，社会的矛盾日趋激化，统治者为维护其统治，更加加强中央集权，用重典治天下，故而刑罚更加残酷，这也是中国古代社会后期刑罚的重要特点。至明清，发展尤为明显，其特点就是限制商品生产和商品经济的发展。在资本主义萌芽已经诞生的条件下，仍然坚持重农抑商的传统，实行"禁海闭关"，延缓了资本主义生产关系的形成和发展。明时增加许多法外酷刑，而清朝又处于古代中国向近代化发展的复杂时期，更加以空前的严刑峻法推行政治思想的高压统治。明清时期大兴文字狱，对思想异端严厉惩罚，这在一定程度上阻止了我国古代社会先进思想的进一步发展，也是我国古代社会一贯的愚民政策的体现。

明清时期重刑观点同当时的社会经济发展状况和社会矛盾的错综复杂密切相关。古代社会发展到明清时期，封建制度已经走向末路，新的生产关系正在

形成之中。而这种新兴的生产关系势必威胁到封建统治集团的切身利益，所以，统治者为了维护政治上的专制统治，必然钳制广大人民的思想和舆论，甚至不惜动用残酷的刑罚手段，遏制自由思想的兴起。

4.刑罚的变化与发展同特定的社会发展现状紧密相连。我国古代社会发展的不同阶段，或者同一阶段的不同时期，社会的政治、经济、文化等各个层面的发展不尽相同，所以，在社会发展的不同时期，会形成不同的特色。刑罚作为法的重要组成部分当然也有不同的发展和变化，从夏商以来历代统治者在运用刑罚统治社会的过程中逐渐积累了丰富的用刑经验，至西周时，形成"刑罚世轻世重"的理论。《尚书·吕刑》说"轻重诸罚有权，刑罚世轻世重"。"刑新国用轻典，刑平国用中典，刑乱国用重典。"这种思想逐渐融入中国传统政治理论之中，刑罚的发展变化实际上也体现了这种理论在治国实践中的运用。战国时期，群雄并争，天下大乱，当时刚刚兴起的地主阶级在制定法律的时候就特别强调重视重刑，用刑严酷。唐时，社会经济的发展较为迅速，国家实力明显增强，所以，这一时期奉行用刑持平，"刑平国，用中典"的策略，体现到刑罚上，变化为宽严适中，简约易明，由此带来的是社会更加稳定，经济更加繁荣，使唐帝国成为当时亚洲政治、经济、文化的中心。宋、元、明、清时期，统治者都是在天下大乱，群雄纷争中夺取天下，都认为身处乱世，强调治乱世用重典，所以这一时期的刑罚一反隋唐以来的轻刑中典政策，又将刑罚导入峻法酷刑的时期，走上了回头路。然而，严刑酷法带来的不是统治者的长治久安，残酷的镇压反而加快了王朝覆灭的步伐。

二、奴隶制五刑

中国古代的五刑是五种刑罚的统称，可根据刑罚的出现、确立及作为主刑使用的时期的不同，分为奴隶制五刑和封建制五刑。奴隶制五刑是指黥、劓、刖、宫、大辟。其中除了大辟即死刑外，其他四种是对肉体的刑罚，而且受刑后无法复原。奴隶制五刑在奴隶制社会逐渐确立后，在汉文帝之前一直通行，其中有的刑罚甚至一直延续到后世。这五种刑罚并未完全包括当时的所有刑罚，但通行时间较长，因此对其进行详细介绍。

（一）黥刑

黥刑，也叫墨刑。这种刑罚实施时，先割破人的面部，然后涂墨，这样伤好后便会留下深色的伤疤。古有"中刑用刀锯，其实用钻凿。"的说法，其中凿就是实施墨刑的工具。

起初，黥刑是在额部刺墨。因为额头在脸的上部，因此墨刑也曾被称为天刑，即所谓的"黥凿其额曰天"。据《尚书·大传》《尚书·吕刑》《周礼》等书记载，夏、周规定的以黥刑处罚的罪行均多达一千条，该刑是五刑中最轻的一种。

到了战国、秦国时期，黥刑的使用仍较为普遍，并且还有了不同的种类。如《秦简·法律答问》中规定有对奴妾"黥颜頯"之刑。颜，指眉目之间，即面额中央，頯（kuí），是面部颧骨的意思。黥颜頯

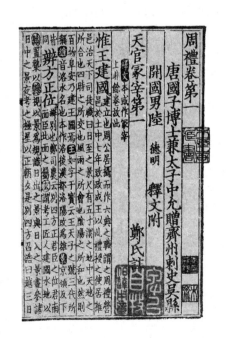

就是在人的面部中央及颧骨处刺墨。此外,《法律答问》中还规定了"城旦黥",这应为对城旦所施加的特种黥刑。而对于处以其他刑罚的劳役犯人,秦也可能对其施加各种不同的特种黥刑,其区别可以表现在刺墨的位置上,也可能表现在刺墨的纹络或图形上,此时,黥刑不仅作为主刑出现,也变成了其他刑罚实施时的一种附加刑罚手段。

由于黥刑是在犯人脸上刺字,因此,具有很强的标记作用。到了汉代,人们逐渐认识到罪犯也可以改过自新,而黥

刑等肉刑使人一旦受刑便终身难以再重新做人，不符合当时所倡的儒家治国以教化为先的原则，不利于通过教化使人改恶从善，因此汉文帝毅然废除了黥刑等肉刑，改黥刑为髡钳城旦春，即五年劳役。从此，黥刑被废除，经过魏晋隋唐，都没有再使用过此刑。而在汉代废除此刑六百多年后，南朝宋明帝统治时期，再次使用黥刑，并且其标记作用更加明显，因为在施行黥刑时，给人留下的标记更加明确、具体了。明帝四年（468年），制定了黥刖之制，规定：对于那些劫窃执官仗、拒战逻司、攻剽亭寺等应当处以斩刑的罪犯，如果遇到赦免，则"黥及两颊'劫'字"。即在罪犯的两颊刺上"劫"字，这样，罪犯虽免一死，他人一见便知其犯了"劫窃执官仗"等死罪。这种制度虽然在宋明帝死后便不再使用，却为后人开了个恶头。在以后的梁武帝天监元年（502年）的定律中，也作了类似的规定。

秦汉以前的黥刑或者作为主刑单独使用，或者作为城旦等劳役刑的附加刑使用。而在汉后再次兴起的黥刑，则多与其他刑并用。如上文提到的南宋的黥刖之制施刑的完整过程是"黥其两颊'劫'字"，断去两脚筋，再徙付远州，实际上是黥、刖、流三刑并用。像这种黥刑和其他刑罚并用的制度发展到五代、宋、辽便成了刺配。后晋的刺配是以墨刺面并将犯人流放，即合黥刑、流放二刑于一身。而宋代的刺配则是合"决杖、黥面、

配役"三刑为一身,《水浒传》中被逼上梁山的八十万禁军教头林冲、及时雨宋江、打虎英雄武松等均受过此等刺配之刑。

宋初所用刺配之刑,是延续后晋的制度作为对死刑的宽恕之法来使用,多由皇帝亲自决定。据《宋史·刑法志》记载,太祖开宝八年(975年)发布了"岭南民犯窃盗赃满五贯到十贯者,决杖、黥面、配役"的诏令,使刺配成了定制。后来,这类诏令越积越多,使刺配成为使用非常频繁的一种刑罚而失去了其起初的宽恕死刑的意义。刺配之刑中,决杖,就是用杖击打犯人的脊背。而配役起初多是送往西北边区令服军役,后来

由于犯人常逃亡塞外勾结外族入侵，因此改为发配到登州（今蓬莱）沙门岛、广南（今广东广西部分地区）和通州（今南通）等地区，有时也发配内地他州。而刺配之刑中的黥面即古代黥刑的复用。魏、晋时期屡议重设肉刑，但一直并未真正复兴，而宋代虽从无此议，却承五代之制恢复了古代肉刑中的黥刑。宋代刺墨的位置有刺面、刺额角和刺耳后等区别，刺墨的纹络也有不同，有的刺字，有的则刺上其他图形。如对强盗罪不处死刑的，在罪犯额头上刺"强盗"二字，这与南宋在两颊上刺"劫"字如出一辙；对于一般的盗窃犯，在其耳后刺上环形，对应当受徒、流刑者刺成方状，应当受杖刑者则刺成圆状，而屡次犯罪，应当受杖刑的，则在脸上刺环。刺墨的深度也有几种不同的情况，一般依据发配地区的远近而定，配本城的刺四分；配牢城的刺五分；配沙门岛和远恶州军的刺

七分。

　　五代实行刺配的制度后，除宋代广泛采用外，辽也加以使用。辽圣宗统和二十九年（1011年）发布诏令，规定三次犯盗窃罪的人，在额头上刺墨，并判三年徒刑；犯罪四次的人，则在脸上刺字，并判五年徒刑，这是黥刑与徒刑的并用。而后，辽兴宗考虑到犯罪者也有改过自新的可能，而若在其脸上刺字便会使其一生都带着耻辱，于是便又规定那些被判终身徒刑的罪犯，只刺其颈部，而犯盗窃罪的人，初犯在其右臂上刺墨，再犯则在其左臂上刺墨，第三次在其颈部右侧刺墨，第四次则刺在他颈部的左侧。

金代辽之后，则制定有"刺字充下军"之刑。到元代，刺刑的使用更加普遍。在元代的法律中，已不是规定在什么情况下用刺刑，而是规定在某些情况下"免刺"。元代的刺刑有同流放刑并用的，也有和杖刑并用的。其刺墨的位置也有分别，有刺臂、刺项等。如初犯盗窃者刺左臂，再次犯者刺右臂，第三次则刺项。因为元代使用刺刑较多，因此出现了许多特别的情况反映到法律中，使法律对此刑有十分详细的规定。如应该刺犯人左、右臂时，而其臂上有"雕青"，则要在无"雕青"的地方刺墨；如果罪犯将被刺之字自行除去而又犯了新罪，则要

补刺；若已被刺臂的人把整个胳膊都刺上花纹，以掩盖原刺字样、纹络的，如果再犯盗窃罪，就要在背部刺墨；如果屡次犯罪，其左右项、臂都刺了字的而再次犯罪的，则在项下空处刺墨。然而，元代法律又特别规定：蒙古人及妇人犯罪的，不刺字，如果审判官擅自将蒙古人刺墨，要对其施以杖刑七十并给予除名的处罚。

明清两代也延续使用了黥刑。明律规定，凡是白天抢夺别人财物的人，在他的右小臂上刺"抢夺"二字；若再犯此罪，则对右臂施以重刑；凡是盗窃偷得财物的，初犯的人在其右小臂上刺"窃盗"二字，再犯则刺左小臂。另外，明代还规定，若被刺者擅自清除字样的，补刺。在清代，窃盗罪也有刺字的规定，

一般初犯刺右臂，再犯刺左臂，第三次则刺右脸，第四次则刺左脸，有时还会分满汉两种文字。

黥刑，自早期奴隶制时期出现，直至清朝光绪末期才被彻底废除。这是一项标记性的刑罚，罪人一旦受此黥刑，则要一生都生活在耻辱中，难以再为人，而于其他人则有了很强的警示作用，这正是统治者想要的，因为他们朝思暮想的就是如何禁止臣民犯罪，如何有效控制犯了罪还想再犯罪的人，而是否该给罪人改过自新的机会，他们或许也曾想过，但在前者面前，这一想法便做出了

让步。这或许就是黥刑虽几经存废，但从辽宋直至明清相沿不废，一直使用至封建社会末期的原因吧。

（二）劓刑

劓，会意字，顾名思义，劓刑的行刑办法即割鼻子。

战国时期，魏王送给楚王一个美女，楚王非常喜欢，但楚王原来宠爱的一个名为郑袖的妃子非常嫉妒，便设计陷害美女。她开始的时候表现得非常喜欢那位美人，用尽一切方法讨好她以消除美人对她的戒心，同时也蒙骗了楚王。天长日久，美女把她当成姐妹，非常信任她。于是，她便对美女说，楚王不喜欢你的鼻子，你要故意常常捂住鼻子，这样楚王就会永远喜欢你了。美女信以为真，入见楚王时，坐在楚王身边便总是捂鼻。楚王不解其意，便问郑袖是何缘故，郑袖便借机进谗言说是美女嫌楚王身上的气味难闻，楚王听后心中自然不悦。郑袖见已挑起楚王对美女的不满，便告诉楚王身边的人，如果楚王有命令，必须立即执行，不得有误。一次，楚王与那位美女、郑袖坐在一起，美女坐在楚王身边，又遵循郑袖的"忠告"一次次地捂住鼻子。楚王见状，大发雷霆，就大叫：来人，把这贱人的鼻子割掉! 其手下也早已听从郑袖事先的吩咐，立即对该美女实施了劓刑。

一个人被割掉鼻子，即使再漂亮也

会变成丑八怪，劓刑就是这样一种毁人容貌的刑罚，比起黥刑，更加残忍，一旦行刑不仅会使人承受肉体的痛苦，还会留下终生的残痕和羞辱。由于容貌被毁，难以掩盖，受过劓刑的人势必会遭到社会的鄙视，并且终身会受人监视，他们一旦行为不端，其他人就会起而制止、告发。这样，劓刑便也具有了善恶标记的作用。统治者用这种刑罚作为其维护统治，禁奸止过的手段。

在夏、商、周三代，劓刑的使用都比较普通。同黥刑类似，三朝以劓刑处置的罪行均有一千条。战国、秦及汉初都有劓刑。劓刑可单独使用，也可与其他肉刑并用，或作为劳役刑的附加刑。如劓、黥并用，被割掉鼻子本来已使人难以抬头见人，又施加黥刑，就更加使人丑陋不堪，无地自容。在秦代，劓刑除了可与黥刑并用外，受劓刑的人一般都要为国家服劳役。如对不足五人的群盗，如果偷盗得赃超过六百六十钱，要给予"黥劓以为城旦"的处罚。一群没有鼻子、脸上又刺了字的人，艰苦挣扎在修城筑墙的工地上，多么凄惨的一幕，可是在那个时代，他们不仅曾经是罪人，他们更是奴隶。

劓刑，这种残忍的刑罚在我国古代社会使用的时间比较短，汉文帝时将劓刑改为笞三百，汉景帝时又减少了笞数改为笞一百。后至汉晋，法律上已没有劓刑。南北朝时，梁一度用劓刑代替死刑，到梁武帝天监十四年（515 年）废除。此后，只有少数民族地区及少数民族建立政权统治时期，才偶尔用此刑。

（三）刖刑

刖刑，又叫剕刑，犯人受此刑罚要被砍掉一只脚。周时称刖，战国、秦时则称其为斩止（古时，止通趾）。

战国时，此刑罚根据惩罚强度分为斩左止和斩右止两种。当时人以右为上，左为下，因此，以斩右止为重，以斩左止为轻。汉文帝改肉刑时，便把斩右止改为死刑，斩左止改为笞五百，这更加说明斩右止比斩左止刑重。而若一人两次犯罪都应受斩止刑，已被斩掉一只脚，那就要斩掉另外一只。楚国有一和氏在楚山中得到一块璞玉，因觉是宝物，便将其献给了楚厉王。厉王请来玉工鉴定，玉工却说所献之物是块普通石头。厉王便以欺君之罪对和氏实施了刖刑，砍掉了他的左脚。厉王死后，武王即位，为不让宝玉被埋没，和氏便又将玉献给了武王。武王自己也难辨真假，便又让玉工检验。玉工验后仍说所献之物是石非玉，楚王便又对和氏实施了刖刑，又砍掉了他的右脚。武王死后，文王即位，和氏已经心灰意冷，没有再去献玉，而是抱着玉在山中痛哭。他哭了三天三夜，眼睛里都哭出了血。文王听说后觉得其中肯定有缘故，于是便派人问他为何如此伤心。和氏回答说："我并非因为自己的脚被砍掉而伤心，而是在哭一块好玉硬被说成是石头，我更难过的是忠诚的人反被说成是骗子。"文王听后，速命人把玉取来，请玉工认真检验，结果发现果真是块宝玉，文王便让玉工将其雕琢成一块巨大的玉璧。因为和氏献玉有功，

文王便将玉璧命名为"和氏璧"。可怜这一心献宝玉的和氏，本出自真心，却因为统治者的专横，先被砍掉左脚，又被砍掉右脚，也可以算做历史上的一幕悲剧了。

和黥、劓相似，刖刑往往并非单独使用。在奴隶制时期及战国秦国时代，受肉刑的人多变为实际上的国家奴隶，为国家服劳役。《周礼·秋官·掌戮》中记载"刖者使守囿"，即让受刖刑的人看守园囿。齐、楚等国也让受过刖刑的人

《周礼·秋官》
与周代法制研究 | 温慧辉 著

守门。这都是让受刖刑的人从事不需长途跋涉、行路太多的劳动。此外，为加重刑罚，秦还制定了将刖刑与其他肉刑如黥并罚，并加服劳役的规定。

古代史料中记载，夏朝有膑刑，并有刖刑就是来源于膑刑的说法。而"膑"也作"髌"，指人的膝盖骨，膑刑就是将人的膝盖骨去掉的一种刑罚。并有说法称，夏代的四种肉刑中膑刑最重，宫刑次之，而不是像后来一样的宫刑最重，刖刑次之。的确，人没了膝盖骨，便不能直立行走，而受宫刑者坐卧行走均不会受影响，这两者相比较，自然膑为重，宫为轻。后来膑刑被刖刑代替，刖刑虽然将人的脚砍断，但受过刖刑的人穿踊（被砍掉脚的人穿的一种鞋，也叫假足）甚至不穿踊都可以行走。在秦国被斩掉左脚还要服城旦劳役，显然，刖比膑轻。而宫刑使人丧失了生殖能力，刖刑只使人行走能力降低，很明显，宫重于刖。这样，在奴隶制五刑的排列上由轻到重便为：黥、劓、刖、宫、大辟。

关于膑还有另外一种说法，认为膑并不常用，因此是独立于五刑之外的。战国时期，各国广泛使用斩止刑，而孙膑却在魏国受了膑刑。孙膑与庞涓同时学习兵法，孙膑是孙武的后代，受祖先影响，兴趣浓厚、学习刻苦、肯于钻研。而庞涓则心高气傲、浅尝辄止，才一知半解便沾沾自喜，以为自己能百战百胜，他很早离开师门，到魏国供职。庞涓自

知自己不如孙膑，更加怕孙膑学成后会超过他，便设计陷害孙膑。他先是客气地请孙膑来同自己一起为魏国效力，而孙膑来后，他便设计使孙膑入狱，并对其实施膑刑。这样，一名出色的军事家再也不能驰骋疆场，指挥千军万马。但庞涓并未真正如愿，孙膑虽不能走路，但仍有过人的军事才能，齐国将其请去后，齐魏交兵时，庞涓还是败在了孙膑手下。不仅如此，孙膑还著有《孙膑兵法》，对后世影响甚远。

无论是膑刑还是刖刑，在汉之前，没有谁怀疑过其合理性。此种酷刑缘何被广泛使用呢？奴隶制时代，人们还没有改造罪犯使之重新做人的观念，而是受同态复仇等原始习惯的影响，要求侵害他人者受到与其所施加给他人的损害相当的惩罚，这正是所谓的"杀人者死，伤人者刑（肉刑）"。肉刑包括刖刑，其主要的意义是惩罚，但同时也是复仇的手段。到了春秋战国时期，"以刑去刑"便成了法制理论的主要内容之一，即使用肉刑，可以止刑，体现在两个方面：一是实行肉刑可以使没有受刑的人害怕，从而不敢去犯罪，人们都不去犯罪，则刑罚便可以停止了，即"刑一人而止境内之邪"；二是受到肉刑的人也失去了犯罪的能力，不能犯罪也便不用再用刑。正是在这种以刑止罪的思想指导下，战国时的肉刑才极为普遍。汉文帝时，少女缇萦提出使罪犯"自新"的观点得到文

帝肯定，并因而宣布废除肉刑。此后，
刖刑便极少出现，只是在南朝宋明帝和
明代朱元璋时出现过与之类似的"断其
两脚筋"之刑。

（四）宫刑

宫刑，也称为阴刑、蚕室刑等，这
种刑罚就是破坏人的生殖器官。实施这
种刑罚，对于男性犯人则割去其外生殖
器，而对于女性犯人则施以幽闭。对于
幽闭，有不同的看法，比较通行的说法
认为，幽闭即是将女子幽禁在宫中而不
得外出；而另一种说法认为幽闭是用棍
棒击打女性犯人腹部，把子宫压离正常
位置，堕入腔道，使其不能交媾及孕育。

该刑罚起初主要适用于犯淫乱罪的人，即《周礼·秋官》中所述的"男女不以义交者其刑宫"，因此宫刑有淫刑之称。后来，宫刑不仅对犯淫罪者使用，而且成为一种普遍适用的重刑，可以对多种重罪使用。

宫刑起源较早，据《尚书·吕刑》说，黄帝、舜、禹时期的苗民发明了这种刑罚，当时称"椓"。也有传说夏代"宫辟五百"，意思是当时规定用宫刑处罚的罪行有五百条。周代也有"宫辟三百"的说法。秦代的宫刑使用较多，《史记》记载：秦始皇建造阿房宫时曾动用"隐宫徒刑者七十余万人。"隐宫即宫刑。

宫刑也称腐刑。对于腐，一种说法认为受宫刑的人便不能生育后代，像腐朽的木头一样不能再生根发芽开花结果，因此称为腐；还有一种说法则认为，受过宫刑的创口气味腐臭。而不管怎样，受过宫刑便不能生儿育女，因此古代有

"公侯无宫刑"之说。因为公侯们身份高贵，为了不使其断子绝孙，便不给他们使用宫刑。战国时期，为了使某些有特殊身份但所犯之罪应当处以宫刑的人不受此刑，法律允许他们以钱物赎免宫刑。

汉初，宫刑被文帝废除。而在此之后，统治者又觉得有些罪行处死显得过重，而若不处死仅用徒杖之刑又不足以示罚，因此在宫刑废除二十年后又恢复了。汉景帝中元四年（公元前146年），宫刑成了宽赦死刑的替代方法，虽不是法定常刑，却为复活宫刑开了先例。汉武帝时，司马迁、李延年等均受宫刑。而此时，宫刑不再是死刑的替代刑，而是由皇帝临时决定使用的独立刑罚。直到东汉陈忠在汉安帝永初年间（107—113）上书请除蚕室刑，获准，这样，汉代才又一次宣布废除宫刑。

刑罚的文明程度常常是同统治者的文明程度相适应的。南北朝时期，南朝

统治继承魏晋法律的传统，没有宫刑这种刑罚。而北朝，由于受了落后的少数民族的影响，宫刑成了其刑罚野蛮的标志。而北齐灭东魏后，受文明社会影响，统治者又一次废除了这种酷刑，但这还非古代宫刑的最后根绝。如清律《名例律》规定的"五刑"中虽然没有宫刑，但其对谋反大逆罪却规定，即使子孙确不知情，11岁以上的也要阉割（即宫刑）发往新疆给官为奴。

古代受肉刑的人一般都要为国家服劳役，并且服劳役的种类直接同犯罪性质相关联。因淫罪而受宫刑的人可以守内，即在宫里服役；而后来宫刑常对谋反大逆者使用，这些人则不能在宫中服劳役，如秦时让因此受宫刑的人筑长城，从事最繁重的野外劳动，明清因此受阉割的人则被发配边远地区给官为奴。那些在宫内为奴的人，由于经常接近皇帝，有机会涉足政事，因此在中国古代史上宦阉乱政的场面一幕又一幕，不亚于外戚专权。明朝的魏忠贤，清朝的李莲英，都是阉宦当政的典型。他们虽非因罪受刑而入宫，但对中国社会发展的危害不浅。

（五）大辟

大辟，即死刑，是奴隶制五刑中最重的刑罚。大辟作为五刑中的极刑，其行刑手段也多种多样，许多刑罚始于奴隶社会，如斩首、绞、弃市、车裂等等，其中有的行刑方式后代也一直在使用。

对于大辟的各种各样残酷的行刑方式，本书将连同封建制五刑中的死刑一起在第四部分中作详细介绍。

三、封建制五刑

奴隶制五刑中，有四种属毁人身体的肉刑，汉初文帝时被废除。自汉至隋唐，统治者又逐渐规定了几种新的法定刑来代替原来的五刑，被称为封建制五刑，即笞刑、杖刑、徒刑、流放刑和死刑。封建制五刑在隋唐之后一直通行，其中大多在之前就已存在，到隋唐才被正式确定为主刑和法定刑罚来使用。

（一）笞刑

笞，即笞打，击打使人受痛，行笞刑时一般打臀部、背部等部位。

笞刑在古代社会中早已存在，在用于国家刑罚的同时，也多用于一般教育所用的教刑，如李悝的《法经》曾规定对太子行笞刑："太子博戏则笞；不止，则特笞；不止，则更立。"由于战国时的笞刑既是一种可随时使用的刑罚手段，又是一种可对正服刑者加施的惩戒手段，所以它的使用比较随便。秦朝时使用笞

刑较多，它多用于对刑徒的管理，如服城旦舂劳役的人毁坏了官家的陶器、铁器或木器，制造大车时折断轮圈，主管者要立即笞打，按所毁坏的器物算，每值一钱笞打一下；笞也可作为工作中罚劣的手段，如秦《厩苑律》规定：用官家的牛耕田时，牛变瘦了，牛的腰围每减瘦一寸要笞打主事者十下，服城旦劳役的人工作被评为下等的，每人笞打一百下。

汉初文帝、景帝改革刑罚制度，把笞刑变成了比城旦、鬼薪等劳役刑更重的法定常刑，并需要较严密的诉讼程序决定、以较正规的形式执行。起初，汉文帝决定改劓刑为笞三百，改斩左止为笞五百。而实践起来，由于笞数太多，受刑者常被打死。景帝时，又下诏将笞五百改为三百，笞三百改为二百，但在执行时还是经常出现行刑过程中人被打死的情形。因此，景帝再次减少笞数，将笞三百改为二百，笞二百改为一百。由

此，汉代刑罚体系中便出现了笞刑两等。
景帝时，笞刑的执行也更加规范，他定
了"箠令"，规定了笞打犯人的箠的规格：
长五尺、粗一寸，若箠是竹的，末梢粗半寸，
竹节要削平；还规定了笞打的部位及执
行笞刑的方法即笞打犯人臀部，而且不
管犯人受笞多少，中间都不得更换行刑
的人，一人受罚只能一人施罚。

三国、两晋、南北朝时期，仍采用
汉景帝时的箠令之数，而笞打位置有所
不同。如汉代规定笞打部位为臀，而北
齐有鞭背；又如汉箠令规定对同一犯人
行笞不得更换执行人，而北齐规定每打
五十下换一次执鞭人。此外，北周时还

常将鞭刑与笞刑并用，先行笞刑再加鞭刑。

隋唐时期，将笞刑列为封建五刑中的轻刑。唐朝时对笞刑又有了明确规定，将笞刑分为五等，自十至五十；执行笞刑的杖，长为三尺五寸，大头径二分，小头径一分半；执行笞刑，要腿与臀部分受等等。以后各代笞刑基本上都沿袭唐制。元代的笞数稍有变化，笞刑分为六等，自七至五十七，每十下为一等。为何起数为七呢？据说元世祖定制时，实行宽缓的政策，认为对犯罪无知的小民应该加以宽恕，"天饶他一下，地饶他一下，我饶他一下。"因此笞刑便减了三下。

（二）杖刑

杖刑，也为击打刑。常与笞刑并用，也属封建制五刑中的轻刑。

汉代已将笞刑规定为一种法定常刑，

一种重刑，执法者甚至君王都不得随便以笞责罚他人，而古代统治者又需要一种比较轻微的责罚手段，以便对那些不构成犯罪但又使他们气愤、不能容忍的行为实施惩戒，于是实践中便又慢慢创造出一种"鞭杖"之刑。它也像春秋时的鞭，战国时的笞一样，可以由执法者或君王对那些有轻微不遵教令行为的人实施几下、十几下或几十下的临时处罚。东汉明帝时，这种鞭杖的刑罚对那些有轻微失礼、违旨行为的官员也可使用，百姓则更不必说。三国时期，由于战争环境打破了正常的法律秩序，于是鞭杖之罚越用越多，越用越滥。到魏明帝时，面对许多因轻罪而死于鞭杖之下的现实，不得不将鞭杖之制变成法定惩罚，不得滥用。于是，鞭杖这种起源于法外惩罚的手段进入法典，甚至曾取代笞刑成为法定常刑。如《梁律》有鞭杖刑六等，北周有杖刑五等，自十至五十；鞭刑五

等，自六十至一百等等。而这个时期的笞，并不独立存在，而是作为徒刑等的附加刑。

三国、两晋、南北朝时期，仍有鞭、杖、笞等名目。而隋统一中国后，立法从宽从轻，除去了鞭刑，留下了笞刑和杖刑，并规定笞为轻，杖为重，笞的刑具较细而杖的刑具较粗。唐朝继承了隋的制度，并对杖刑的刑数、刑具、受刑部位做了规定：杖刑五等，自六十至一百；常行杖（即执行杖刑的杖）长三尺五寸，大头径二分七厘，小头径一分七厘；执行杖刑，要背部、腿部、臀部三个部位分受，若受刑者愿意打背和腿两个部位，可以满足要求。同笞一样，以后各代基本沿袭唐制，元代随笞刑一起，也减刑三下。

宋金时期还实行一种折杖法，是一种宽免刑罚的制度，即把笞、杖、徒、流刑都折合成一定杖数，只用杖刑而不再执行其他刑罚。如宋代规定，凡犯

罪本应答杖的，一律用臀杖，原答杖自十至一百，折为七至二十。那些应用徒刑处置的罪犯，用背杖，从一年至三年共五等，分别杖刑十二、十五、十七、十八、二十，杖后则将其释放，不再服劳役，同样，那些应当处以流刑的罪犯也按其犯罪程度折合成不同的杖数，而不用再服流刑。

自汉将答、杖定为法定刑，隋唐将其纳入五刑之中，历代也都对执行答、杖之刑提出了严格的要求，但法外用答杖刑罚的情况却一直难以杜绝。唐代宗时常有对某人"重杖一顿"的指令，而一顿是个无确定数目的概念，这常使执行者得以任情轻重，欲其活则施轻罚，欲其死则施重罚，而这也会使执行者常常

因难以摸透君王的心理而受指责甚至处罚。

谈到君王的法外用杖，就要介绍一下中国古代的一项特别制度——廷杖，即由皇帝决定，在殿廷之上对违法抗旨的大臣施用的杖罚。这种制度盛行于明代，但由来已久。后汉明帝对大臣都可以施加鞭杖，这可以算做廷杖的萌芽。而正式行使廷杖是隋文帝时开始的，据《隋书·刑法志》记载，隋文帝疑心重、好猜忌，常常在殿廷之上打人，有时一天之内能痛打四人之多。开皇十年（590年），尚书左仆射和治书侍御史等人恳谏朝堂不是杀人的地方，殿廷也不是杖罚的地方，文帝才同意撤销殿廷内所设的刑杖。而隋高祖又以"有些官吏不守礼法，按照法律，其罪轻，而以情判断，其罪又重，不立即杖罚而没有可以惩罚的办法"为由，恢复了廷杖。

明代使用廷杖最为频繁。明太祖朱元璋时，工部尚书薛祥就死在廷杖之下。明宪宗成化十五年（1479年），汪直诬陷侍郎马文升等五十六人，宪宗以容隐的罪名将这些人每人廷杖二十。明武宗正德十四年（1519年），武宗想要去南巡，群臣用国事劝谏，想要将皇帝留住，结果一百四十六人被廷杖，致死十一人，像这样类似杖打群臣，并致十数人死亡的事件据记载还有不少，这里就不一一列举了。明初，大臣们受廷杖时都穿着朝服，因此有些大臣为防止被杖打伤，每次上朝，在朝服里都穿着厚厚的内衣。而正德时，宦官刘瑾专权，开创了大臣

受刑时要脱去朝服的先例。

（三）徒刑

徒刑，是强制犯人劳役的刑罚。《唐律疏议·名例》解释说："徒者，奴也。"即劳役。

"徒刑"之名始于北周，在此之前，那些强制犯人服劳役的刑罚统称为劳役

刑，而被行刑的众人则被称为刑徒。春秋时期及其前后，被处以肉刑的人都要为国家服劳役，由司徒加以管理，即所谓的"司徒主众徒"，如《史记》记有"黥徒"、"钳徒"、"骊山之徒"，又如贾谊的《过秦论》中也有"迁徙之徒"之说。劳役刑本是由这个制度演化而来的，那时，肉刑为主，服劳役为辅。而后来，人们越来越认识到劳动力对国家的重要，尤其是战国时期，国家为了军事或经济的目的，需要大量供随意驱使的劳动力。于是，在实践中除了继续使用肉刑外，逐渐地把肉刑同服劳役的关系颠倒过来，变成了以服劳役为主，肉刑为辅，最后把服劳役变成了独立于五刑之外的单独刑种，即劳役刑。

按犯罪轻重，劳役刑也有轻重不同的种类，当时是按劳役的种类划分的，并且一旦行刑，除皇帝赦免，否则终身为奴。那时的劳役刑主要包括以下几种：

1. 城旦舂。城旦与舂为同一种刑罚，男受刑者为城旦，所服劳役主要是从事修筑城墙之类的重体力劳动。女受刑者为舂，所服劳役主要是舂米，对于女子来说也属重体力劳动。城旦舂服劳役时一般由司徒看管，并且要穿红色囚衣，戴与常人不同的红色毡巾，还要戴木被、黑索和胫钳。

2. 鬼薪白粲。这种刑罚轻于城旦舂，也有男女之别。男为鬼薪，就是为宗庙祠祀上山砍柴；女为白粲，即为祠祀择米。

3. 隶臣妾。男为隶臣，女为隶妾。隶臣妾可以从事多种劳动，如秦律规定可以为工，可以种田、筑墙，牢隶臣还可以参与验尸、缉拿犯人等活动，诚实可靠的还可以派去送信。并且隶臣妾还

可以赎免。

4.候。是轻于隶臣妾的一种劳役刑，是属于内史管理的劳役刑犯人。汉以后未见过此种刑罚。

5.司寇。司寇所服劳役主要就是"伺察寇盗"，有时可以监率城旦舂服劳役。

6.下吏。秦汉时把原有一定地位的人交给司法官吏审查的处理称为下吏。下吏可以从事工作，可以干与城旦一样繁重的活。汉以后也未见过这种刑罚。

汉初文帝改革刑罚制度，把过去不定期的由皇帝随时决定的赦免变成定期免除。据《汉书·刑法志》说，初定城旦舂为五年，鬼薪白粲为四年，隶臣妾三年，司寇二年。这样，相互区别的不同种类刑罚又有了年限长短的差别。后又经改进，城旦、鬼薪各减一年，司寇不变。

北周将劳役刑定名为徒刑的同时，也给其划分了等级，主要以年限长短来划分刑的轻重，而不再以服劳役的种类

〔汉〕班固 撰

漢書

中华书局

划分。《大律》规定"徒刑五"，每等一年，从一年到五年共五等。隋朝统一中国后，继续使用北周徒刑的名称，但把徒刑期的期限缩短，从一年到三年，每半年一等。唐宋直至明清也一直相继沿袭隋制，但辽的徒刑则分为终身、五年、一年三等，金的徒刑则分为一年、一年半、二年、二年半、三年、四年、五年，七等。

从明代情况看，封建社会后期徒刑犯人服劳役的种类很多，如修砌城垣、街道，运粮，挑土、砖、瓦等，种树，盖房，炒铁，煎盐，煎银等。明代有专门的《准工则例》对刑徒的工作予以规定。如规定：刑徒每服刑一年，盖房一间。挑土和砖瓦每天附近三百担，每担六十斤为准。半里路二百担，一里一百担，二里五十担，三里三十五担，四里二十五担，五里二十担，六里十七担，八里十三担，九里十一担，十里十担。打墙每人墙高一丈、厚三尺、阔一尺，以就地取土为准。

（四）流刑

流刑，就是使犯人离开一定地区而到边远地区去生活或服役的一种刑罚。其根本特征是使犯人离开一定地区并限制其只能在某一特定地区活动，更不准返乡。

流刑起源较早，据《尚书》记载，早在舜时就已存在。舜曾"流共工于幽州，放欢兜于崇山，窜三苗于三危，殛鲧于羽山。"其中的流、放、窜、殛都是流放的意思，而幽州、崇山、三危、羽山都是比较边远的地区。流放在春秋之前是作为宽宥之罚使用的，君王对那些应处五刑而情有可原的人，赦免了觉得轻饶了他，用五刑又觉得太重，于是采用流刑，使其肢体完全，将其流放到远方。因此，史书记载的流刑多用于大臣、贵族甚至国王，如伊尹"放"太甲，汤"放"

桀，周公平定管蔡之乱后将蔡叔流放，楚灭陈后将陈的公子招流放到越等等。

流称放，也称逐、迁、徙等。《离骚》的作者屈原被楚王流放江南，《史记》对此就称为"迁"。周代称逐。战国时，由于特殊的战争环境限制，流刑出现了三种不同的形式：一为逐，一般是把原籍不在某国而又在这个国家犯了罪的人逐出国境；二是谪，即将犯人遣往边远地区服役或戍守；三是迁，一般适用于有

一定身份而又犯了罪的人或罪行较轻的人，被迁的地方多在蜀地或新夺取的地区。这三种流刑在秦统一后也应用，而其迁刑又分两种：一种和原来一样，即犯罪当用迁刑；另一种则是犯人本身应受其他较重的刑罚，免除其原应受的刑罚而使其服迁刑，这种被迁的人也都是集中迁往新区，从事一般性劳动或过一般人的生活。

汉代迁也称为徙，但汉使用迁刑较少，一般只对有特殊身份的人使用。如汉高祖时彭越谋反，便将其徙到蜀地的青衣；文帝时淮南王刘长谋反，则将其废掉，迁至蜀地的严道，等等诸如此类，汉代被迁的大多是王侯。秦汉时期大面积的迁民也称徙，但与作为刑罚的徙不同，徙民无惩罚之意。如秦始皇二十八年（公元前 219 年），秦始皇南登琅琊，很喜欢这个地方，一住就是三个月，还嫌不够，便徙百姓三万户于该地，并允

许他们十二年不服徭役，这是因乐其地而徙民。又如汉高祖时，徙齐、楚大族昭氏、屈氏、景氏、怀氏、田氏五姓于关中，这是为扩大京师附近的人口数量及发展京师附近的经济而徙民，如此种种均与刑罚的徙大不一样。

秦汉时期的迁刑，除本人必须赴所迁之处外，其家属一般也要跟随前往。在秦律中，先自告者一般都可免受其罚或免受连坐之罚。但当丈夫有罪当迁时，妻子虽先自告，也必须随同丈夫一起到迁所。并且，有时有罪当迁的人没有走就死了或逃跑了，应该和他一起被迁的人也要被遣往迁所。

　　在汉代废除肉刑之前，流刑是轻刑，但不用五刑之后，流刑就不再是轻刑了。它比笞杖之刑、徒刑都重得多，因为徒刑虽须从事各种劳动，但一般不离开家乡，且有一定的期限。而流放要到边远荒僻的地方去，而且流刑的解除比徒刑的解除要难得多。因此，随着奴隶制五刑体系的打破和封建刑罚体系的成熟，流刑逐渐变为法定常刑，同笞、杖、徒、死刑进入同一序列，成为二刑中最重的刑罚。南北朝时期，流刑正式进入法典，并按道里的远近分等。北周时，自两千里至四千五百里，每五百里为一等，共五等；隋朝流刑分三等，自一千里至两

千里，每五百里为一等；唐朝与隋制相似，也分为三等，但每等都增加一千里。

　　秦汉时流刑一般不规定期限，只有遇赦免时才可以免除。北魏孝文帝时，准流徙之人，年满七十岁，孤单穷独，虽有妻子而没有子孙的人，可以解除流罪名籍，回归本土，这便使流刑有了定期解除的制度。到了唐代，流放犯人到流放地一般要戴钳、枷劳动，起初均服役一年，后来要服役三年，劳役结束后要到流放地落户，同当地其他无罪百姓一样交纳赋税、服徭役，一般不得回本郡。但被处流刑的人死后，其家属想要还乡的，则可以放还。后来，又改为被

流放的人在流所满六年可放还本郡，若在流所的人要参加考试或通过其他途径进仕者，一般也必须服满六年刑后方可。

宋、明的流刑沿用唐朝制度，但增加决杖，即流、杖并用。宋代盛行的刺配，其中的配役便和流刑相似。明清时，除流刑还有充军刑，即将罪犯送往边远地区在军中服役。明定充军刑为五等，即极边（三千五百里）、烟瘴（四千里外）、边远（三千里）、边卫（二千五百里）、沿海附近（一千里）。明代充军还有终身和永远之分，终身即至死不得返回，永远则是世代为军役。到了清代，将明律中的边卫改为近边，沿海附近一千里改为附近两千里，仍为五等，并规定"军遣止及其身"，即无"永远"之等，情节较轻的可以特赦放还。

清代还有一种与流刑、充军类似的刑罚叫发遣。这种刑罚比充军更重，一般是将罪犯发往边疆地区给驻防官兵当奴隶。发遣地多在尚阳堡（今辽宁省开原县），稍远的为吉林省的宁古塔、乌拉城，更远的为黑龙江的齐齐哈尔，新疆的伊犁、乌鲁木齐等。

（五）死刑

封建制五刑中规定的死刑也是名目繁多，关于古代常见的种种死刑的行刑方式，本书将在第四部分单独列出详细介绍。

四、古代的种种死刑

死刑，即将犯人杀死，剥夺其生命，使其再不能凭自己的力量供奉先人、建造家园、创造财富、养老扶幼，享受人间的欢乐，这是最重的刑罚。由于将人处死的执行方法多种多样，因此古人又按其不同的执行方法给予其具体的称谓。在漫长的古代社会历史上，统治者为最大限度地发挥死刑对臣民的威慑作用，最有效地惩罚"不忠不孝者"及其他罪人，不断创造、变换死刑的执行方法，不仅有法定的，还有法外的，不仅有个人的，还有家族的，如此种种，在我国古代灿烂的文明史上也留下了无比血腥的记录。下面本书就将几类常见的做详细介绍。

（一）法定死刑

这里的法定死刑，是指曾被明确写入法典的死刑，以下是几种古代常见的法定死刑。

1. 枭首。即把罪人的脑袋割下来，将其悬挂在木杆上面的刑罚。因为与枭这种鸟死时的情况相似，故称这种方法为枭首。最早见于商末，据《史记·殷本纪》记载，暴君商纣王便是被周武王以

枭首之刑处死的。秦朝将枭首定为法定刑罚。《秦会要补订》中有："悬首于木上杆头，以示大罪，秦刑也。"汉代承用秦朝的枭首之刑，彭越等人便是受此刑而死的。魏晋以后继续使用。隋文帝开皇元年（581 年），废除了此刑，此后法律再没有这种死刑方法。但帝王们也偶尔以之泄愤，如宋钦宗靖康元年（1126 年）将童贯以此刑处死。

2. 腰斩。就是将罪人拦腰斩断的刑罚。执行这种刑罚要先使受刑者脱去衣服，伏在砧板之上，然后由刽子手用斧钺之类的工具将人拦腰斩断。春秋时期就有腰斩刑，秦的腰斩刑始于商鞅变法时期，商鞅曾下令："不告奸者腰斩。"战国时期腰斩刑使用较多，以至于人们常以"腰领不属"表示受死刑。汉代腰斩是三种主要死刑执行方法（枭首、腰斩、弃市）之一，晁错、吴章、霍禹、赵广汉等皆受腰斩刑。魏晋时还沿用，到隋

唐时便被废止。

3. 弃市。即在市这样的人群较为集中的地方将人处死，其目的在于儆吓旁人，可以算作一种恐怖宣传。弃市的方法自秦代就有，南朝宋、齐、梁、陈，北朝魏均将弃市定为法定刑，而北齐、北周及隋唐以后的法律中，便不再有此种刑罚。弃市存在时，其致人死亡的具体办法不确定，有的为当众斩首，有的则当众使用绞刑。

4. 绞。绞刑是以绳悬吊而死，也称缢。北齐、北周时的法定死刑，隋唐也继承下来。绞刑最早见于春秋时期，在春秋战国至秦汉时期，绞刑是用绳索捆住犯人脖子而悬吊，使犯人窒息而死。而明清时的绞刑是让行刑者用绳子勒住犯人的脖子，使他死亡。

5. 斩。就是用刀斧等利器将犯人的脑袋砍下的刑罚。汉朝的弃市刑则为当众实施斩刑。《晋律》的死刑为三等，第二等就是斩刑，如张斐的《注律表》中说："枭首者恶之长，斩刑者罪之大，弃市者死之下。"由于斩刑使人身首异处，好像木头断了而分异、殊绝，因此，五代常用殊死来指代斩刑。北齐大辟有四等，其中"斩刑,殊身首"。"绞刑,死而不殊"。可见绞、斩是以是否身首分离而区别的。

6. 磔（zhé）。这是一种碎裂人的

肢体而使之死亡的刑罚，该刑不仅要碎裂犯人的肢体，而且还要暴尸。春秋时期便有使用磔的记载，秦汉均将其定为法定死刑。汉景帝中元二年（公元前148年）"改磔为弃市"，在法律上废除了磔刑，但后世统治者有时却仍然使用此刑。

7.车裂。与磔类似，车裂是把犯人杀死又将犯人肢体割裂。商鞅就是被秦惠文君杀死后车裂的，造成秦二世亡国的赵高被子婴刺死后，也在咸阳被车裂，还有刺秦王未遂的壮士荆轲，被秦王嬴政车裂。

车裂之刑春秋时便有使用，汉代时也并非法定刑。三国时期，东吴孙皓曾对张俊施以此刑。其后，北魏、北齐、北周都有车裂刑。其中北齐、北周最重的死刑均为车裂。隋朝制定新律后，废除车裂之刑。

8.定杀。也称沉河，这种刑罚就是把犯人活着投入水中，使其溺水而死。

在秦朝，定杀主要用于有麻风病而又犯了罪的人。秦之后，北魏也有"沉渊"刑，主要施用于巫蛊者。

9. 戮。这是一种既对犯人进行羞辱又杀掉他的刑罚。此刑由来已久，早在夏代就有"弗用命戮子社"的命令。春秋时期出现戮尸刑，即死后戮。战国时期既有生戮又有死后戮。汉以后便无此法定刑，但是，统治者有时对自己十分痛恨但又已离开人世的人也施此刑，魏、

晋、辽、元等朝这样的例子很多，就连盛世唐朝也有"剖棺鞭尸"之事。而到了明朝，《明律》对谋杀祖父母、父母，杀一家三人等罪又规定了"剉碎死尸"的刑罚，戮尸又成了法定刑。据史料记载，清朝王室多尔衮死后也曾被鞭尸。

10. 赐死。也称自裁，是君王命令有罪的人自杀的一种刑罚，此刑只适用于地位比较高、功劳非常大，又没有严重罪行的权贵、功臣。如秦国久立战功的大将武安君白起，由于不听从君王的命令，秦王便让人赐他一把剑，令他自裁。这是封建社会在执行刑罚上表现出来的封建等级特权，是使皇亲国戚、功臣勋将虽受死但不致受到小吏屠戮，免为被百姓当面耻笑的委婉的处死办法。汉初，贾谊便为了维护封建等级制度，力倡"刑不上大夫"，认为大臣们犯了罪应让他们自杀，而不应交狱吏之手，也正是根据这种理论。后世多有"赐剑"之事，来让有身份有地位并曾有贡献的人自裁。

11. 具五刑。这是秦汉时期使用的一种刑罚，即将多种刑罚集犯人之身。据《汉书·刑法志》记载，具五刑是对应受族刑（本章第三部分将具体介绍这一刑罚）者施用的特种刑罚，而且不仅在犯人身上使用"黥、劓、刖、宫、辟"五种刑罚，还包括醢、笞杀、断舌等非法定刑。秦朝李斯被赵高诬蔑谋反时就被施以具五刑的处罚，同时还被腰斩，若如《汉书·刑法志》记载的一样，则在李斯身上使用了九种刑罚。

由于具五刑是专门对受族刑的人使用的一种刑罚，而汉文景之后无族刑，具五刑便成了法外之刑。魏晋的法律有株连的制度但没有族刑，后来晋武帝又下令"除三族刑"，具五刑便逐渐不再使用。宋明以后偶尔也用族刑，但是否使用具五刑，则再无详细记载。

12. 凌迟。这是另外一种在一个人身

上施加多种残酷刑罚并剥夺人生命的死刑，在这一点上与具五刑相似，但二者无继承关系。据陆游《渭南文集》记载，凌迟之刑最早出现在五代，宋辽时期多使用。宋初并无此刑，宋真宗还一度不允许使用此刑，直至仁宗天圣六年（1028年），因荆湖地方有人杀人祭鬼，仁宗才怒下诏书，对首谋者及主犯，凌迟处死，从此开了宋代使用凌迟的先例。宋神宗熙宁八年（1075年）曾对李逢、刘育、徐革等处以凌迟刑。明朝在《明律·名例律》中规定，死刑为绞斩二等，但在律内却有十三处犯罪规定使用凌迟刑。

清代法律也规定了使用凌迟的条款，它除了继承《明律》对凌迟刑的十三处规定外，却劫囚、发冢、谋杀人、杀一家三人、威逼人致死、殴祖父母、殴伤业师、狱囚脱监以及谋杀本夫等罪，也规定适用凌迟刑。

凌迟刑的实施过程非常残暴，使人目不忍睹。据《宋史·刑法志》说："凌迟者先断其肢体，次绝其吭，当时之极法也。"断肢体是比古之斩止、断手更残酷的刑罚，而绝其吭是断其喉，与斩首无异。清代使用凌迟刑较多，对凌迟

刑的执行也相对规范化。传说清代的凌迟有二十四刀、三十六刀、七十二刀和一百二十刀几等。二十四刀的执行方法是：第一、二刀割去双眉，第三、四刀割去双肩，第五、六刀割去双乳，第七、八刀割手、肘之间的肉，第九、十刀割肘肩之间的肉，第十一、十二刀割去两大腿上的肉，第十三、十四刀割去腿肚子，第十五刀刺心脏，第十六刀切脑袋，第十七、十八刀断两手，第十九、二十刀去两腕，第二十一、二十二刀断两足，第二十三、二十四刀去两腿。但不管是二十四刀还是一百二十刀，都非不可逾越的界限。明代武宗正德年间，对宦官刘瑾行刑时连续割了三天，共计四千七百刀，可以说是创造了此刑最高记录。清崇祯年间，对郑鄤割了三千六百刀，也称得上是"千刀万剐"了。

总之，凌迟处死刑各朝代没有统一的方法，但都极尽残酷。陆游曾评价凌迟的受刑者"肌肉已尽而气息未绝，肝心联络而视听犹存"。多么可悲，可怜。

（二）法外死刑

这里所说的法外死刑，主要指从未进过法典的死刑，也就是在整个古代社会不管哪个朝代都没有或极少将其规定为法定刑罚的死刑。这种刑罚没有一定

的规定，常由君王和酷吏随意来做。

1.炮格，也叫炮烙。这种刑罚就是先在铜格上涂油，在它的下面生火，让犯人在铜格上行走，犯人不堪灼烫，便会失足坠入火中烧死。据传这是夏代暴君桀看见蚂蚁爬在烧热的铜斗上，爪被烧烫坠火而死而发明的酷刑。夏朝的谏诤之臣关龙逢"歌而赴火"，就是死在炮烙之刑下。其后，元代也曾使用过炮烙这种酷刑。

2.醢（hǎi）。是一种把人做成肉酱的刑罚。据《史记·殷本纪》记载，商纣王统治时期，一位叫九侯的大臣把自己非常漂亮的女儿送给纣王做妃子，

可九侯之女不喜欢荒淫糜烂的生活，这使纣王十分恼火，他不仅把九侯的女儿杀掉，而且对九侯施以醢刑。醢刑最开始时是把人活着放入臼中捣死，但后世多为先将人杀死甚至肢解再施以捣烂之刑。这种刑罚后世也不多用，但据《元史·世祖纪》记载，至元十九年（1282年）三月，益都千户王著对阿合马蠹害民的行为十分不满，便与高和尚合谋将其杀掉，这触犯了当时君王的利益，于是世祖将王著、高和尚杀之于市，并加醢刑。

3. 脯。本指干肉，作为刑罚就是把人做成肉干，即暴尸。这种刑罚也是在商纣王时使用的。商纣王对九侯施加醢刑时，大臣鄂侯出来谏阻，陈述不应该

对九侯加刑。纣王不仅不听其劝说，反而迁怒于鄂侯，对其实施脯刑。此外，传说纣王还曾"杀鬼侯而脯之"。

4.烹。这种刑罚就是用鼎镬之类器具将人煮死，俗语"下油锅"之说，即与此类似。商纣王为试试周文王是否为众人所说的圣人，便将其在商做人质的儿子伯邑考烹为羹送给文王吃。

烹这种刑罚在春秋时使用较多。中山之君曾烹乐羊氏，齐威王曾烹阿大夫。秦朝的大辟之刑亦有镬烹之刑。汉代的董卓曾烹李浸、张安，据说二人临入鼎

时说 : "不同日期生, 乃同日烹。" 汉以后则较少用此刑。

5. 剖心。这是一种将犯人的腹部剖开, 将其五脏六腑取出致使人死亡的刑罚。据《史记·殷本纪》记载 : 商纣王不事政务、荒淫无度, 比干屡次进谏, 纣王早就听得不耐烦了, 便以看看比干的心是否有七窍为由, 将比干的心挖了出来。秦人的剖腹之刑与商纣王的剖心类似, 秦惠王曾剖开一个人的肚子看他到底有没有偷吃御桃。宋代也曾用过此刑,《宋朝事实》卷十六记载 : 宋仁宗庆历四年（1044 年), 大宋官员就对广西少数民族起义的领袖施以剖腹刑, 而且还嫌不满意, 剖腹之后又施醢刑。

6. 笞杀。所谓笞杀就是用笞杖将人打死。战国以后, 法有笞刑, 但没有笞杀之刑。汉高祖时, 曾将楚降臣丁公下吏笞杀。后来的汉灵帝时, 也曾将上书攻击党人的永昌太守曹鸾行使笞杀之刑。

宋辽时期使用这种刑罚较多，如宋太祖时李瑶、董延谔等都被杖打死。辽时，五院长官皆可杖杀部下、百姓。辽圣宗时，曾批判这种刑罚太过严酷，并因此罢免了一位官员，此后，官吏们便不敢使用此刑。

7. 囊扑。这种刑罚就是把人装在囊袋中打死。秦始皇时，赵太后与一名叫嫪毐的人私通，并生下两个孩子。秦始皇知道这件事后，将嫪毐车裂，把太后所生的两个孩子囊扑而死。历史上使用此种刑罚的只有这一记载。

8. 焚。这种刑罚就是把人捆绑着放在火上烧死。汉时篡位称帝的王莽专政期间，唯恐别人不服，对那些对他表示不满的大臣就使用过"焚如之刑"，他曾以这种方式将陈良等人处死。汉之后用这种刑罚的极少，却常见焚尸。如北齐后主武平五年(574年)，南安王思好造反，尚书令唐邕率兵征讨，思好兵败后便投

水自杀，唐邑并未善罢甘休，他们不但没有放过思好的妻子，还将思好的尸体焚毁。后来金海陵汤王也曾使用过焚尸之刑。

9. 凿颠。这是一种用器械击人的头顶使人死亡的刑罚。《汉书·刑法志》中说秦朝的大辟有凿颠一刑。

10. 断背。即把犯人从背部砍断以致其死亡的刑罚。晋文公时，因颠颉在其宣明法纪的集会上迟到，便将其处以断背之刑。此刑与腰斩相近，但较为罕见，除此例，以后也未见使用过。

11. 射杀。即用箭将人射死。《汉书·王尊传》中有这样一个故事：儿常以母为妻，其母来王尊处告发。而法律却没有规定此罪当如何处罚，因为这事太有伤风化，而这种行为又是罪不容诛，因此，王尊便以法外刑制裁，下令将不孝之子悬挂在树上，让五个骑兵将他射死。

辽代也用过此刑罚。一个叫肖古的

女巫，向辽穆宗进献"延年药方"，须用男子的胆汁调和。穆宗使用此方数年，杀人甚多，却没见延年之效，便知自己受骗，将肖古射杀。

12. 投崖。这是辽代使用的一种刑罚，即把犯人从高崖之上抛下，将其摔死。据《辽史·刑法志》记载，辽代对一些身份高贵又犯了重罪的人，为维护其身份和尊严，一般不在公众面前执行死刑，而是采用"投崖"的方法将其处死，或强迫犯人自己投崖自杀。

13. 多刑并罚。古代有不少暴君酷吏还使用对一人施加多种酷罚而致其死亡的残酷刑罚。隋炀帝时，有大臣向他进谏阻止他巡幸，炀帝便先把谏者的腮帮子割坏，再将其斩杀。五代时期，有一种用铁刷致人死亡的刑罚。对犯罪的人，先把他放在铁笼里，在笼外点火，然后用铁刷刷剔他的皮肉，使人在铁刷剥剌之下在铁笼中挣扎，最后在烈火中毙命。

更有甚者，十六国时期，石季龙对太子宣用了这样的刑罚：先用铁环穿入他的下巴然后锁上，而后垛一柴堆，在柴堆之上竖一个带辘轳的木杆，辘轳穿上绳索，在柴堆上倚靠一个梯子，然后将太子的头发拔掉、舌头抽掉，再牵着他由梯子登上柴堆，再将辘轳上的绳子穿入他下巴上的环，将他拉起吊上，然后再砍断其手足，挖出眼睛，最后剖烂其腹部。这些惨绝人寰的兽行已无可命名。

（三）参夷与连坐

一个人犯了罪，惩罚这种犯罪的刑罚是只及犯罪者一身，还是连及他人，这从战国以来一直是个争论不休的问题。当人们还没有最后摆脱氏族制度的影响，还不是以独立的个人身份参与社会生活时，国家对一定的犯罪行为的惩罚常常是连及未参与犯罪的其他人，也就是一人犯罪罚及子孙。参夷和连坐便是古代刑罚中一人犯罪罚及他人的制度。

参夷，即夷三族，又称为族刑，即一人犯罪则灭绝三族。战国时期，秦、楚等国都有族刑，如楚灵王时"囚庆封，灭其族"。对于三族，大多数限于父母、兄弟、妻子。汉初时沿袭秦朝旧制，法律上有三族刑。汉高后元年（公元前187年），除去了三族罪，在法律上也废除了三族刑。但是，法律上虽无三族刑，汉统治者却常常以族刑处罚谋反大逆之类的罪犯，如《汉书》记载，主父偃被族，郭解"大逆不道"被判族刑，晁错犯"大逆不道"，"当腰斩，父母妻子同产无少长皆弃市。"这也为族刑。

连坐是战国时期广泛采用的法律制度，即一人有罪连及他人，其与族刑不同：第一，族刑被连及者皆受死刑，而连坐连及者有的受死刑，有的不受；第二，因族刑连及者自身没有责任，只因与犯罪者有血缘关系才受到处罚，而被连坐者则往往负有国家赋予的某种法律义务。如商鞅变法时，实行邻伍连坐，把百姓编入什伍，使同伍人相互监督，一家犯罪，其他四家负有监督责任，如果不举告就要受处罚。秦代除有什伍连坐之外还有军事连坐、全家连坐、因职务发生的连坐等。《史记·范雎蔡泽列传》："秦之法、任人而所任不善者，各以其罪罪之。"意思是上级对其所任用的官吏的犯罪行为不管是否知情，都要负连带责任。

汉代废除族刑后，连坐法在全家连坐上有了新的发展，被统治者用来惩罚他们最仇恨的人，或他们认为最严重的罪犯，虽然族刑的使用并未杜绝，但连坐已逐渐起到了代替族刑的作用，这时的连坐也称为从坐、株连、缘坐。

基本上代替了族刑的连坐，大多适用于谋反等大罪，在历朝历代都不曾中断使用，只是有的朝代使用较为宽缓，

罪及面较窄，如《唐律》对于谋反大逆罪规定只有本人处斩，父子年十六以上绞；有的朝代使用则较为严苛，如《明律》对于谋反大逆罪的规定为，本人凌迟处死，受连坐的祖、父、兄、弟、子、孙及同居之人（不分同姓异姓）、伯叔父、兄弟之子（不限籍贯，也不管是否有病、残废），只要十六岁以上的人一律处斩，可见株连范围之广。

有的统治者对连坐之刑的使用还变本加厉，尽可能地扩大株连的范围，即有所谓的株连七族、九族、十族之罚。隋炀帝在位时，外征四夷，内穷嗜欲，兵革数动，赋役滋繁，致使百姓衣食不保，相继举兵反隋。后来杨玄感谋反，隋炀帝不仅将其本人杀掉，且罪诛九族。明代，朱棣凭借武力从建文帝手中夺取帝位，命方孝孺为他起草登基诏书，方孝孺因其篡夺帝位，将笔扔在地上，拒不起草。朱棣对此十分恼火，威胁他说：

"难道不怕我灭掉你的九族吗？"方孝孺回答说："就是灭十族我也不怕。"朱棣恼恨至极，除方孝孺的九族外，又将其门生收为一族，并加以诛戮，在中国历史上创造了灭十族的最高记录。《明史·方孝孺传》说道，方孝孺之死，宗族亲友前后坐诛者数百人。

五、古代常用的刑具

古代刑罚多种多样，执行刑罚的刑具更是五花八门、不可胜数。

（一）头部的刑具

1. 施用于头顶的刑具。

古代执行死刑的主要手段就是从头开始的，而从头开始当属暴君商纣王"金瓜击顶"首开先河。金瓜是古代铜锤，外形似瓜，故称金瓜。古代有金瓜击顶之刑，即用这种刑具击砸犯人的头颅。这种刑罚源于商周时代，到后代这种刑具演变为铜铁大锤兵器。

"商鞅变法"时期还有另外一种施用于头顶的酷刑，即凿颠酷刑。赵背户村秦刑徒墓出土的一具骨架，除头骨上有两个小洞外，其他部位均未发现受过刑罚的痕迹，则可断定其是受凿颠而死的。凿颠之刑所用刑具为铁凿和铁锤，有时击凿过猛可深入颈部，顿时致死。

2. 头顶下方的刑具。

《西游记》中那个神通广大的孙悟空，最怕的就是头上的那个紧箍，唐僧只要一念紧箍咒，孙悟空就会疼得满地打滚，

服服帖帖。这个紧箍的原型就是当时衙门中的一种审讯犯人的刑具，叫做脑箍，是武则天时期，酷吏索元礼发明的，其施威区域是头顶稍微下移的部位。这种刑具套在犯人头上，在铁箍和头皮的缝隙间加木楔，用铁锤敲打。铁箍越收越紧，受刑者疼痛如刀劈，甚至于头颅开裂脑浆溢出，这是一种法外酷刑。到了宋朝，先把绳子缠在犯人的头上，再用木楔插进去。明代镇抚司的刑具库中也有脑箍。

3. 施用于面部及五官的刑具。

古代用于眼部的刑罚有刺眼、剜眼等，刑具有矛、尖刀等。隋代的车骑将军鱼赞，曾用竹签子刺瞎了为其烤肉的人的眼睛。

割掉鼻子和耳朵，虽然不至于危及生命，但破坏了容貌，对犯人的精神和人格造成很大的摧残。割鼻古代称劓刑，前已介绍，是奴隶制五刑中的一种。割耳古称刵刑，广泛用于商周时期。割鼻、

耳所用的刑具，开始是兵器中的利刃，后世繁衍颇多，魏时缺铁有时用琉璃碴代之。

用于人面部的黥刑，在最初规定其为刑罚以前，施行时是用兽骨磨制成的骨针。而在人类掌握冶炼技术后，黥刑刑具则改为用刀，再后来则是用钢针刺面。

口，是进食及发音的器官。而在口部实行的刑罚，则大多以剥夺人发言的功能为目的。古时用核桃塞入口腔中，而由于核桃体积小，不能充塞口腔全部空间，后世便特制分大、中、小若干型号的木丸，将其强行塞进嘴里，以防止受刑者愤怒谩骂和揭露对某些权力者有威胁的秘密。还有更残酷的方法，即割舌，又称抽舌，有用刀割舌的，也有用剪子将舌头齐根剪掉的。一代明士方孝孺与明朝皇帝朱棣针锋相对，写下"燕贼篡位"并呼喊"要杀就杀，诏书决不起草"。朱棣怒不可遏，喝令左右用利刃割裂方孝孺的嘴，一直割到耳根之下。

（二）颈部的刑具

1. 枷。枷是古代套在犯人脖子上的

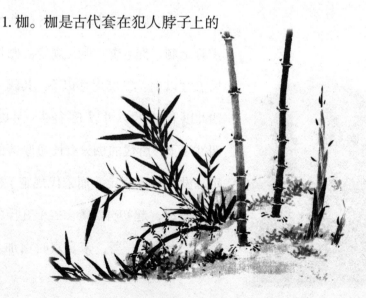

刑具，起源于商周之间的梏刑具。梏刑具是用圆木夹脖子形成的夹具，发展为后来的由两块木板合成的枷刑具。这种刑具始于晋代，并一直沿用至清代，在其长达一千五百年的历史中，其规格、重量、样式也不断变化，时重时轻、时大时小。用途也更加广泛，有的利用枷的功能，将其施用在手上、脚上。从所用材料上看，除了以木头为主外，还有的用铸铁、皮革等制成，也有用绳子铁链配置的。一般木枷由一个人戴，也有一枷两人戴的，还有三人戴的。

隋唐以后多用木枷，且各朝代的枷皆有定制。据《唐六典》规定，枷长二尺五寸以上、二尺六寸以下，共阔一尺四寸以上、一尺六寸以下，径头三寸以上、四寸以下。唐代的枷只有长短厚薄的规定，没有轻重规定。而宋代规定了枷的重量等级，起初分二等，二十五斤的一等，二十斤的一等，宋真宗时增加十五

斤的一等，共三等。明代枷的规格与唐宋略有不同，据《明律·狱具图》规定："枷长五尺五寸，头阔一尺五寸，以干木为之；死罪重三十五斤；徒流重二十斤；杖罪重十五斤。"

明清时还有一种刑罚叫做枷号刑，即在犯人应受的戴枷刑罚之外还要加上枷号刑。起初，判徒刑一年的，枷号刑二十天；徒刑两年的，枷号刑二十五天，每等刑依次加五天。应充军附近的处枷号刑七十天；远一点的处枷号刑八十天；最远的则要服枷号刑九十天。到后来变成各种犯罪都要处以枷号刑，逐渐成为专门刑罚之一。康熙八年后，枷号的时间不过一个月、两个月、三个月，后来竟有按年计算或永远的枷号刑，那时的枷重达七十斤，轻的也得六十斤。到了乾隆五年才更改规定，应枷的犯人一律戴二十五斤的枷，但到清嘉庆皇帝后，重枷又规定为三十五斤。

2. 钳。是束缚犯人脖颈的金属制戒具。山西侯马发掘出的春秋战国时期的墓葬中，有的殉葬者脖子上便戴有铁钳。汉代的"髡钳城旦舂"刑罚，就是剃去犯人须发，给其加戴铁钳，并强迫其服城旦劳役。古代的钳并非锁链，而是一个直铁棍穿一个近半环状不能轻易弯曲的铁弓。据《晋律》规定，钳重二斤，而唐宋的钳重量轻于晋制。清代的钳常与索一起使用，索即铁链。钳索相连，长七尺，重五斤，对犯人的束缚比单纯的钳重得多。

3. 绳或帛。最早的绞杀是用丝绢来实现的，逐渐演化成了用绳子和铁索，其刑罚名称也变为绞刑。

4. 砍头刀等斩首刑具。斩首是砍掉头颅，使犯人身首异处的死刑，其所用刑具多为利刃和利斧，明代后多用砍头刀，因刀把上铸有黄铜鬼头雕像，故也叫鬼头刀。砍头刀是专门用来斩首的刑具，刀身比一般军用刀宽重，有的刀背上配有一撮红缨作为刑罚辟邪之用。刀把长八寸多，为刽子手专用，平时用黄绫布包扎，存放在官府指定地方，用时取下用酒消毒。刽子手砍头的技术要有专门的训练，对犯死罪的犯人脖子粗细要有充分了解，行刑时用刀部位、用力轻重都有严格要求，砍头时只允许"一刀成"。刽子手行刑之前一般先喝酒，为的是壮胆。

（三）腹背的刑具

1. 鞭。传说五帝时代便有"鞭扑"之刑。《尚书·舜典》里说："鞭作官刑"，即鞭刑是专门用来教训官吏的，因此较轻，一般不会致死。汉代以后，鞭刑时兴时废，不过一直有鞭刑的记载，大多是将犯人脱去上衣鞭打他的背部。

2. 肉刷。这种刑具木把上装铁钉，

长约一寸，如刺猬状。使用这种刑具时，即用布满铁钉的一头一下一下地刷去犯人身上皮肉。五代时便有人使用。朱元璋便用这种刑具处罚过臣下，他令刽子手把犯人衣服扒光，捆好，赤裸裸地将其放在铁制的网床上。先用开水往犯人身上浇，再用铁刷子刷掉腹背上烫熟的肌肉，直至刷到露出白骨，将人折腾死。

3. 乳夹。是由两根木棒贯穿绳索而制成，专用于女性犯人。施刑时，将两根木棒夹在女人的双乳峰上，行刑人只要提绳收夹，女犯人的乳峰就被木棍夹紧。受到此刑的女性，其乳房由于被夹后失去血脉及营养供给而成为死肉，施刑严重的还会把女性的乳房夹掉。据记载，历史上还有用竹签插进女性乳头进行讯拷的，战国、唐代均发生过。另外，清代官府镇压太平军、义和团时，为了提取口供，曾用烧红的烙铁烫女人的乳头。更有甚者，在宋代、金代、元代、明代、清代都曾发生过乳割刑讯的案件，即将女性的乳房割掉。这种残害女性器官、身体的刑罚可谓变态、残忍至极。

（四）腰部的刑具

施用于腰部的刑罚主要为腰斩，即将罪犯拦腰斩断致死的刑罚，其刑具主要有钺、斧、铡刀等。其中，钺多为商周时使用，形状如斧，肩部有两个长方形孔，两侧有对称的血槽，既是刑具，也是兵器。而提起铡刀，人们就会想起宋代公正无私的清官包公及他的三口御制铡刀，即龙头铡、虎头铡、狗头铡。由于这样一位清官，使人们往往不觉得铡刀是残酷的刑具，倒成了法律公正的象征，恨不得那铡刀能再锋利些，好铡尽天下所有的贪官污吏。铡刀来源于斧，最初，腰斩使用的刑具是分离的两样东西，即斧与锧。斩时用斧，锧是用斧砍

人时下面垫的砧板，后来这两样用轴连在一起，斧演变为铡刀，锧演变为铡床。

（五）臀部的刑具

施用于臀部的刑罚主要是笞、杖之刑，而其刑具主要有木棍、大棒、竹条、皮鞭、皮板、木板、竹板和荆条等。

西汉开始对执行笞杖之刑所用工具的材质及规格作出规定，如景帝元年（公元前156年）制定《箠令》，规定："笞者，箠长五尺，基本大一寸，其竹也，末薄弱半寸，皆平其节。"说明此时工具为竹子即竹条。又如据《唐六典》记载："杖皆削法节目，长三尺五寸。讯囚杖，大头粗三分二厘，小头粗二分二厘，常行杖，大头粗二分七厘，小头粗一分七厘，笞杖，大头粗二分，小头粗一分半。"且唐代的杖也由竹子制成。而据《金史·刑法志》记载，金曾"铸铜为杖式"。而到了明代，杖则用荆条制成，《明律·狱具图》对杖有具体规定："笞，大头粗二分七厘，小头粗一分七厘，长三尺五寸，以大荆条为主。并须削去节目。讯杖，大头粗四分五厘，小头粗三分五厘，长三尺五寸，以荆杖为之。"

另外，辽金时代，执行笞杖之刑的工具有一种兵器，名为铁骨朵。其如蒜头状，以熟铁锻制而成，由八片熟铁虚合，木把为柳木，长三尺。辽金时期，凡犯盗窃罪、走私罪等犯人，使用铁骨朵处以杖刑，受刑的数量为五下或七下。这一时期还有一种执行杖刑的刑具，名为沙袋，用熟牛皮合拢缝制，内装沙子约

两斤，袋长六寸，宽二寸，木柄长一尺多，凡应击杖五十以上的重犯人都用沙袋击打。用这种刑具捶打犯人，不见伤痕创口，几乎看不到血迹，但被击打的骨肉处，容易造成肌肤内骨肉分离，内里出血拉伤等。

（六）手部的刑具

1. 拲（gǒng）。这是专门给犯人手上戴的刑具。郑司农云：拲者，两手共一木也。历史上曾把这种刑具称为壶手，也有称枷手的，使用这种刑具时，犯人的双手被套进一块木头上，即两手一木。据史料记载，拲刑具产生于商周时代，由于是木制，很难被保留下来，因此其大小规格样式，现代人很难看到，只能通过商代出土的犯人陶俑来了解和认识这种刑具的大概样式。

2. 铁手铐。其与拲刑具的作用大体

相同，然而铁制刑具体积小携带方便，而且牢固性强，显示出其较木制刑具的优越性。汉代，铁手铐的制作已到了中国历史上较成熟的时期，可安置铁锁于内，手铐上还安有挡锁板，防止犯人自己将锁打开。后世承袭了汉代手铐的做法，从形体上花样还不断增加，如有的手铐做成方形，手放在圆孔中，中间有隔铁板，可上下贯穿铁鼻子后安锁；有的手铐被铁箍锁死，中间为插式横锁等等。

清代还有一种竹简制的手铐，外形

像两段竹简，合拢起来有圆孔，犯人双手从孔中伸过去，铁条穿过枷锁，因竹子见水后更加坚固，因此这种手铐多用于四川、湖南等阴湿地带。

3.拶（zǎn）子，也叫拶指或拶夹。一种专门用来夹手指的刑具，多用于拷讯女性。这种刑具产生于隋唐，在明清两代广泛使用，多用于刑讯。这种刑具由五根圆木组成，各长七寸，径围各四分五厘，用绳子穿连小圆木套入手指，用力收紧绳子时，圆木就会紧夹手指。十指连心，用此刑具摧残手指时使人痛苦不堪，许多女子因忍受不了拶子的折

磨而被迫屈招，有的甚至含冤自杀。

（七）脚部的刑具

1.木墩。是最早用于拘束行动自由的脚部刑具，一般是在厚木上凿穿两孔套在脚上，为防止犯人脱逃，也曾被用来施刖刑，即将犯人的两脚伸入木墩的两孔中，使其动弹不得，然后对其行刑。

2.脚镣。起初时脚镣是木制的，后也称桎，使用时一般将两块木板相合于足踝处，有时用其禁锢两足执行斩止的刑罚。汉朝以后，金属所制的镣铐逐渐

普遍起来。使用时，将两个环状铁制品套在脚上，束缚住犯人后，在两环之间锁上铁锁，从而限制犯人行走自由，有效地防止了其逃跑。明朝规定"镣链环重三斤"。

3. 跟脚，也称脚踏球。起源于沙皇俄国等欧洲国家，是专门限制罪犯自由，避免其逃跑的刑具。我国清末，这种刑具随着沙皇俄国侵略者传入我国。18世纪末时，外国在中国建立的监狱中有此刑具，用来迫害中国人。它由铁球、铁链、铁锁三部分组成，重达十公斤左右，最重时可达近五十公斤。这种刑具同铁脚镣相似，但更具灵活性，可视犯罪轻重，少的只带一个球，最多的每只脚可戴三至四个，让罪犯寸步难行。

4.夹棍，也叫夹棒、脚棍、檀木靴等。这种刑具主要用于刑讯中，是用木棍和绳索构成的一种夹压脚踝的刑具。两根夹棍三尺多长，在离地五寸处贯穿铁条。刑讯时，把棍直竖起来，然后把犯人的脚放在中间，束紧棍子上的三道绳子，用一根棍贴紧脚的左面使其不能移动，再用一根长六七尺、宽四寸的大杠，从脚右面猛力地敲足胫。使用这种刑具，往往使受刑者腿部受伤，甚至夹碎踝骨，

造成残废。

（八）全身的刑具

1. 木手。这是木制短棍刑具的一种，由古代酷吏发明，除把柄外另一头雕刻成手状，故名木手。也有雕刻成虎爪形状的，因此也称为"爪手"。一般长不足二尺，径粗三寸左右，用坚硬木头制作，有的还要用桐油或兽油浸泡，光亮不裂。

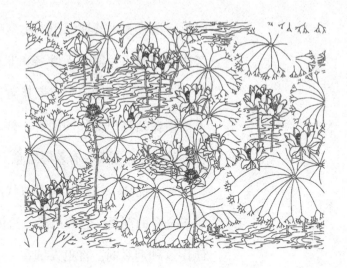

这种刑具使用起来方便灵活，而且便于携带，古代官吏多将其佩带于腰间。官吏用它可打犯人全身的任意部位，往往能把人打成残废或者打死。

2. 站笼，又称立枷，是明清时的刑具。《明史·刑法志》记载："自刘瑾创制立枷，锦衣狱常用之。"清朝也沿袭使用。这种刑具使用时，有的用笼上的口卡住囚犯颈部，使其昼夜站立，直至死去；有的先在脚下垫上东西，用笼口卡住脖子后再撤出所垫之物，致使囚犯悬空窒息而死。清代多用其押解犯人示众，站笼旁边有招牌，写明犯人姓名和罪行，将其至于衙门前或闹市，或带其游街。犯人被锁在站笼里面如同困兽一样，头露在外面，任人观看，有羞辱之意。

3.老虎凳。这是起源于清代的一种用于全身的刑具，起源虽晚，流传却广。使用这种刑具时，将犯人绑在一条板凳上，胸部绑一道，小腿上也绑一道，头发被束牢，然后将犯人双手反绑于凳下，把砖硬塞进犯人腰底下，渐次加塞到两块以上，有的甚至加塞到四块还不罢休，又要强搬双脚垫砖，这样往往会导致犯人脚骨断裂。